AF315953

LA SAVOIE

TERRE FRANÇAISE

DISCOURS

Prononcé à la Distribution des Prix du Lycée de Chambéry

LE 31 JUILLET 1888

Sous la présidence de M. BRÉDIF

RECTEUR DE L'ACADÉMIE

PAR

M. PLASSARD

PROFESSEUR AU LYCÉE

CHAMBÉRY

IMPRIMERIE NOUVELLE, AVENUE DU CHAMP-DE-MARS

1888

LA SAVOIE

TERRE FRANÇAISE

DISCOURS

Prononcé à la Distribution des Prix du Lycée de Chambéry
Le 31 juillet 1888

Mesdames,
Messieurs,

Après toutes les paroles qui ont retenti,
il y a douze jours, en d'autres enceintes,
paroles émanées de bouches autorisées et
éloquentes, au milieu des pompes des céré-
monies officielles, des réjouissances vives et
spontanées d'une ville accueillant le premier magistrat de la République, j'hésite à
me lever en cette solennité de la distribution des prix du Lycée et à vous adresser
encore un discours. Soyez sans crainte,
j'aurais mauvaise grâce et je risquerais trop
à solliciter pour longtemps votre attention ;
en ma tâche rendue si périlleuse, je suis for-
cé d'être court.

Mais, venant le dernier, j'ai néanmoins
un avantage, celui de pouvoir condenser
tout ce qui a été dit et pensé pendant les

récentes fêtes : je voudrais, en ce jour, éclaircir une idée vague, mais toute-puissante, s'imposant à tous ceux qui pour la première fois viennent à Chambéry, idée qui, j'en suis sûr, hantait, ici, pendant leur séjour, ceux de nos illustres hôtes qui ne connaissaient pas encore l'hospitalité savoisienne, idée banale à force d'être juste et exacte, mais sur laquelle il est bon et réconfortant de revenir et d'insister.

Un voyageur part du Nord ou de l'Ouest, franchit le Guiers ou le Rhône : combien est grande sa surprise ! Il pouvait s'attendre à des changements radicaux et essentiels ; il s'était préparé, peut-être, à entrer dans une terre nouvelle. Au contraire, il se heurte à un véritable paradoxe. Il trouve à son étonnement et à sa grande joie une terre française, non depuis vingt-huit ans, mais depuis le plus lointain passé, une terre aussi française que la France.

Si jamais il y eut frontière naturelle formidable, ce sont les Alpes qui séparent la Savoie de l'Italie. C'est la nature, qui, plus puissante que l'homme et la politique, dès les époques préhistoriques, a voulu faire de la Savoie une terre française, et a dressé, au temps des grandes perturbations géologiques, ces géants de glace, qui, debout à l'horizon, nous séparent et nous gardent de notre belle et souvent décevante voisine.

.Les eaux de nos glaciers, de nos cascades, nos torrents, nos lacs vont au Rhône, un fleuve français ; or, les hommes ont la même pente que les eaux : ils vont là où elles s'écoulent. Par une inéluctable nécessité, les fils de la Savoie devaient aller à la France.

Aux temps où la féodalité, dominant ou se survivant, méconnaissait les lois naturelles et le groupement rationnel des peuples, permettait, pour des périodes trop longues, la formation des dominations les plus bizarres et les plus hétérogènes, des hasards historiques ont pu séparer la Savoie de la France, d'une France qui *devenait*, mais n'*était* pas encore.

La Savoie, *immane nefas!* a pu avoir pour suprêmes suzerains, les Césars blonds d'Allemagne, les Othons et Frédéric Barberousse, relever du Saint-Empire romain de nation germanique ; elle a pu avoir ses ducs et souverains particuliers (et Dieu me garde d'oublier leur vaillante et glorieuse histoire !) mais, à l'heure actuelle, la Savoie peut se remémorer son passé sans inquiétude : il ne la lie point.

Toutes nos autres provinces françaises, sauf le duché de l'Isle-de-France, elles aussi, ont eu leur vie longtemps indépendante ; la plupart des pays pyrénéens n'ont été réunis à la France que par le Béarnais ; notre Alsace, notre pauvre Alsace, la fille de la France qui supporte pour sa mère les plus grandes souffrances, n'est française que depuis Louis XIV.

Or, la Savoie, bien plus que ces provinces, avait été politiquement attirée dans l'orbite de la France, avant de lui être agrégée.

Au moyen-âge, malgré leur prétendue origine saxonne, les comtes et ducs de Savoie ont été des princes français.

Comme les Hohenzollern, les comtes de Maurienne semblaient avoir pris pour devise : *Vom Fels zum Meer*, du rocher à la mer : mais la mer dont ils voulaient atteindre les rivages, n'était pas, comme en 1859, l'Adriatique. Ils cherchaient à descendre l'Isère, le Rhône, ils entrevoyaient la restauration du royaume d'Arles et la domination des côtes provençales de la Méditerranée. Maîtres du Bugey et de la Bresse, à deux pas de Lyon, ils se mêlaient à tous les événements de la vie politique et religieuse du royaume des lys. Charles-le-Sage leur demandait conseil et assistance au lendemain de Poitiers, dans la guerre de Cent ans. Au Grand-Schisme, ils favorisèrent les projets gallicans d'une réforme sage et modérée de l'Eglise, que formaient nos docteurs de l'Université de Paris, les Clémengis et les Gerson, et c'est assez tard que, devenus maîtres de provinces ultramontaines, ils quittèrent Chambéry pour Turin et conçurent des ambitions italiennes.

Pourtant (si grande fut la séduction de leur première et véritable patrie), les princes de la maison de Savoie tournèrent longtemps de notre côté leurs ambitions dynastiques ; longtemps ils essayèrent, avec l'opiniâtreté invincible et jamais lassée qui les caractérise, de s'étendre au couchant.

La royauté française, ce grand agent, dans

le passé, de notre unité présente, réagissait contre leurs tentatives : aussi la Savoie fut occupée à maintes reprises par la France.

Au XVIe siècle, en pleine Renaissance, sous François Ier, ce roi brillant et galant homme, le fils bien-aimé de Louise de Savoie, la Savoie fut unie au Royaume, et, si le malheureux traité de Cateau-Cambrésis, sous Henri III, ne l'avait pas restituée, il y a trois siècles déjà, la Savoie devenait terre française.

Ses privilèges avaient été respectés, ses villes et ses communes avaient conservé leurs franchises. A peine quelques légistes, amis du chancelier Duprat et du cardinal de Tournon, avaient-ils été adjoints aux membres du Sénat de Savoie, pour introduire dans l'administration générale du pays les principes du gouvernement de François Ier, le héros qui défendit alors l'équilibre européen menacé par Charles-Quint, et dont la royauté était encore tolérante et progressive.

La Savoie ne répugnait pas à entrer sous ses auspices, par anticipation, dans le giron de la patrie française.

Son duc, presque seul, avait préféré l'exil à notre hégémonie, et, si Philibert-Emmanuel, digne continuateur des grands tacticiens, des guerres d'Italie, le marquis de Pescaire, don Antonio de Leyva, à la tête des bandes espagnoles et wallonnes de Philippe II, nous infligeait un des plus sanglants désastres de la vieille monarchie, la défaite de Saint-

Quentin, les Savoyards, eux, combattaient à Saint-Quentin, autour du drapeau des Valois, sous les ordres de Coligny et de Montmorency.

Au XVIIe siècle, à plusieurs reprises, sous Richelieu, sous Catinat, sous Saint-Ruth, les Français occupèrent la Savoie jusqu'aux Alpes.

Au XVIIIe siècle, c'était une idée commune que, les ducs, devenus rois en Sardaigne et se préoccupant de moins en moins du berceau de leur grandeur, la Savoie, simplement, loyalement, redeviendrait française. *« On prétendait alors »*, dit Rousseau dans ses *Confessions*, au moment de la guerre de la succession de Pologne, *« que nous appartiendrions à la France, l'on faisait de la Savoie un échange avec le Milanais »*, et l'obscur maître de musique de Chambéry allait au haut du faubourg Maché, par lequel entraient les troupes françaises, *« pour se rassasier du plaisir de voir passer, derrière son colonel, un la Trémoille, le régiment de Champagne. »*

. Aussi, en 1792, l'occupation de la Savoie par les troupes de la Convention ne fut pas une conquête, mais une promenade triomphale. Acclamées par les populations, conduites par des volontaires de la Savoie, qui les servaient de guides et d'avant-garde, couvertes de fleurs, dans les rues de Chambéry, par une foule qui est connue pour réserver son enthousiasme en prévision des jours vraiment grands, les troupes républi-

caines n'eurent pas à brûler une amorce. Les
soldats de la *Brigade de Savoie*, je le sais,
fidèles à leur serment, rejoignirent de l'autre
côté des monts, à Suze, l'armée sarde, luttè-
rent de 93 à 96 contre les nôtres sur les Alpes,
et donnèrent, quand le cœur de tous leurs
compatriotes avait déjà parlé, un bel exemple
de loyalisme, d'abnégation et de grandeur militaire : ils n'en furent que mieux accueillis,
que plus aimés, quand la Savoie, après l'ar-
mistice de Cherasco, fut officiellement réunie
à la République.

Ils jouèrent un rôle digne de leur passé,
dans la grandiose épopée du premier Empire,
jusqu'au jour où, en 1815, par les fautes
irréparables de ce grand et mauvais génie,
Napoléon, après vingt-trois ans d'union, les
plénipotentiaires de l'école de Metternich,
« *les corbeaux de la diplomatie* », pour em-
ployer un mot du général Skobeleff, sépa-
rèrent criminellement, au second traité de
Paris, l'enfant de la mère qui néanmoins
conservait ses droits imprescriptibles.

C'est pourquoi ne vit-on jamais rien
dans l'histoire de comparable à leur réunion dernière, faite sans secousse, solen-
nellement, par la libre et éclatante mani-
festation de toutes les volontés, — et cette
fois pour toujours.

Le fameux plébiscite de 1860 n'a pas été
en effet un accident, une surprise, mais l'é-
panouissement de toute la vie antérieure de
la Savoie : il avait été préparé par un plébiscite de tous les instants que la Savoie

avait exprimé, consciemment ou inconsciemment, dans toutes les phases de son évolution historique.

La Savoie a eu des souverains propres, mais elle a toujours été française, parce qu'elle a toujours vécu de la vraie vie française : elle a toujours eu avec la France, ce qui est aussi important que la communauté de gouvernement (et qui en tout cas la prépare), communauté de race, de langue, d'aspirations.

La race, en Savoie, a toujours été française. Avant l'arrivée des Romains, les habitants de la Tarentaise, de la Maurienne, de la vallée de Chambéry, se vantaient de faire partie de la puissante confédération des Allobroges qui dominait sur le Dauphiné.

La Savoie est bien un pays celtique, plus français ethniquement que les pays ibériens du Midi, flamands du Nord. Malgré les apports des invasions, malgré le voisinage de race différente, précisément peut-être à cause de ce voisinage, — car les conflits trempent les races, — le sang celtique, avec ses défauts et ses qualités, coule dans les veines de ses enfants.

La Savoie, comme le reste de la Gaule, a reçu l'éducation latine. Elle a désappris le vieux langage des druides pour se mettre à l'école de Cicéron, de Sénèque, plus tard des pères de l'Eglise ; mais, quoique liée politiquement au Piémont, depuis le moyen-âge, au sortir du chaos des innombrables dialectes romans, elle s'est mise à l'école de la France, et a adopté, quand il bégayait encore, le langage d'oïl, le langage de *dulce France* : or, vous le savez, le langage est la marque la plus indélébile d'une nationalité. Une race qui a parlé le français, depuis qu'il est formé, est bien intellectuellement française.

L'âme de la Savoie a toujours été l'âme française.

La Savoie n'a jamais été un pays égoïste, se préoccupant uniquement de ses intérêts matériels ; elle a toujours été ambitieuse d'une généreuse ambition : pauvre, mâle et stoïque, elle n'a jamais hésité à faire tous les sacrifices pour ce qu'elle croyait son devoir.

Quand la religion était le mobile suprême, non seulement elle a défendu sa foi, mais elle a travaillé souvent avec âpreté à son complet triomphe. Quand la patrie s'incarnait dans le souverain, elle ne lui a jamais marchandé son dévouement, le meilleur de son sang, et je ne crois pas qu'il y ait race en Europe ayant tant fait pour ses princes !

La France aussi a bien travaillé pour ses maîtres, bien peiné pour les autres, s'est trop souvent sacrifiée à un idéal trop généreux ; aussi, même rétrospectivement, elle reconnaît dans la Savoie un véritable enfant, une parcelle de son âme, un fragment de son cœur.

Presque tous les grands hommes de la

Savoie ont déjà appartenu par surcroît à la grande patrie ; presque tous ont regardé Paris comme leur véritable capitale, y sont allés grandir, et, souvent, partis de nos montagnes, pygmées, comme disait Napoléon Ier, ils y sont devenus géants.

Voilà les véritables auteurs de la réunion définitive, bien plus que le César rêveur et irrésolu qui régnait en 1860.

Quels admirables Français que saint François de Sales, de Maistre, Rousseau, Berthollet, Lanfrey !

Saint François de Sales a achevé ses études à Paris ; il a été l'ami de notre Henri IV ; c'est à l'instigation de ce grand et spirituel Gascon, qui prenait les mécontents avec du miel, que l'évêque écrivit plusieurs de ses gracieux ouvrages où la théologie la plus élevée, le mysticisme le plus subtil sont si bien éclaircis à la française !

Rousseau (plus Chambérien que Genevois) nous a donné définitivement l'esprit démocratique ; de Maistre, — car, bien que le diplomate et l'ambassadeur eussent protesté, nous réclamons l'homme et souvent le penseur, — de Maistre, au milieu de ses plus violentes invectives, est un de ceux qui nous ont le mieux et le plus profondément rendu justice. Berthollet a mis sa science à la *réquisition* de la Convention, et a préparé du fond de son laboratoire les succès de l'an II. Enfin dans le silence du second Empire, Lanfrey fut un des premiers à rappeler la France, après une éclipse passagère à son éternel destin : le culte de la justice et de la liberté !

Une grande partie de notre gloire incontestée, de notre patrimoine le plus cher, est due à des Savoyards, et il eût été monstrueux que la Savoie tardât à devenir terre française.

Et maintenant, faut-il regretter que la fusion eût été retardée par les circonstances ? Je ne le pense pas. La Savoie, malgré sa vie longtemps indépendante, n'est pas seulement aussi française que la France, elle peut être placée (si en cette délicate matière, il était permis d'assigner les rangs) parmi les provinces les plus françaises.

Cette petite France de la frontière, cette marche militaire, couverte par ses montagnes, a conservé intactes certaines qualités dont la France n'aura jamais provision trop ample et réserve trop abondante.

La grande France, au-delà du Rhône, la France des grandes villes, depuis un siècle, s'est transformée ; la démocratie y a coulé à pleins bords. Elle a acquis des qualités nouvelles, le désir incessant du mieux, le labeur fébrile, et, quel que soit le désordre apparent de sa vie, elle enfante assurément au milieu de ses multiples inquiétudes de grandes choses. Mais il faut bien l'avouer, l'esprit français s'est attristé, et, tant que durera la tension de toutes ses énergies, il n'aura que par intermittences ses dons antiques.

La Savoie est restée plus semblable à notre bonne vieille France.

Dans nulle autre province, on ne trouverait cette douceur, cette bonhomie ; nulle
part, on ne trouverait l'homme sentant plus
virilement son devoir et le faisant avec plus de
simplicité et plus d'indifférence pour l'admiration d'autrui ; nulle part, on ne rencontre-
rait plus de fidélité et de franchise, plus de
bon sens, de calme, d'esprit judicieux et de
sang-froid ; or, en ce temps d'engouements
irréfléchis, d'emportements, dont on ne sau-
rait guère calculer parfois les conséquences,
il est bon qu'en face des provinces souffrant
de névrose d'autres conservent la bonne
santé des ancêtres.

C'est pourquoi la France ne regrette pas
d'avoir retrouvé un peu tard son enfant sé-
paré, et son Benjamin lui est-il particulière-
ment cher.

Elle se souvient du rôle des soldats de la
Savoie et des Volontaires des Alpes, du-
rant l'année terrible, avec une admiration
attendrie et une affection plus spécialement
reconnaissante. Ses fils, venus à elle les der-
niers, lui ont prouvé, avec leur calme hé-
roïsme et leur absolu dévouement, qu'ils
lui étaient inséparablement attachés, et que,
méprisant, aux jours de crise, toutes ma-
chiavéliques suggestions, dans le deuil
comme dans la joie, ils combattraient toujours pour elle au premier rang.

Il est bon, aux jours sérieux de sour-
des préparations à d'inexpiables luttes, que
la Patrie ait sur sa frontière une province
à l'âme dévouée et résistante, durcie

par les luttes du passé, plus apte que toute
autre à la couvrir, de quelque côté que
vienne l'attaque. Mais, en ce jour de fête,
chers élèves, écartons ces prévisions : ce
n'est pas au seuil des vacances qu'il faut
trop remuer les pensées sombres. Souve-
nez-vous seulement que vos aïeux ont été
des Français, et, en lisant, autour de vous,
sur ces écussons ces noms glorieux, son-
gez qu'il est de votre devoir de soutenir un
jour l'opinion qu'ils ont déjà donnée à la
France, de notre chère Savoie !

CHAMBÉRY, IMP. NOUVELLE, 4, AVENUE DU CHAMP-DE-MARS

164

www.ingramcontent.com/pod-product-compliance
Lightning Source LLC
LaVergne TN
LVHW051151060726
842526LV00006B/2341